Lorbeer
Literaturverlag

ISBN 978-3-938969-42-7

MARINA MAGGIO

Fingerbeeren

Lorbeer - Verlag
Bielefeld 2015

Inhalt

Vom LEBEN und der Sehnsucht auf Schneewechten zu stehen...

Von der ZEIT und ihren groben Körnern...

HEIMAT, wo ruht dein Kopf?

ZEILENLÄUFE, IRRUNGEN UND WIRRUNGEN IM WORTSALAT

Von den REISEN, dem MEER und mehr...

Von den SPIEGELUNGEN

Vom KRIEG und vom Lied der Nachtigall

Vom HERBST und seinen Knochenwinden

NACHT, Krähengesang und Zauberschleier

Von TRÄUMEreien, Visionen und Alben

Vom ABSCHIEDnehmen, vom WERDEN und VERGEHEN und vom TOD, den weisen Alten

LIEBE, die beiderseitige und Einsame...die bis zuletzt bleibt, wenn nichts mehr bleibt.

Vom LEBEN und der Sehnsucht auf Schneewechten zu stehen…

Lichter

Zusammenhängend…der Nebel.
Wie ein weißes Tuch hebt und senkt er sich.

Die Morgenröte entzündet ihr Feuer am
glasfaserigen Docht des Himmels…
Kurzzeitglut.

Die Asche danach trifft das Zyankalilächeln
eines Einsamen.
Wieder öffnet sich ein Türchen des
zuckerfreien Lebens.

Sein Schweigen sucht einen Platz in
den geschmückten Passagen.

Vielleicht wärmt ihn eines der Lichter.

Besucher

Wenn du meine Seele betrittst,
zieh deine Schuhe aus.
Ich mag kein lautes Getöse.

Ein kleiner Raum, wenig Licht.
Ich hoffe, du kannst mir trotzdem
aus den Augen lesen.

Nimm Platz in dieser begrenzten Weite.
Hier saß schon lange niemand mehr.

Bilder

Träume…Gedanken…
geHÜGELT, geBÜNDELT, sortiert.

Hinterm Granatapfelbaum flackern Polarlichter.

Meine Gedanken sind WINDaufbereitet und STERNgefleckt.
Stündlich schlägt die Uhr in meinem Kopf, dem Kuckuck
in den Nacken.

Der Mond liegt eingewickelt in Papierwolken.
Ich wünschte, ich könnte es dir zeigen.

Schwarzer Punkt

Da ist die Stadt, die sich hervortut
wie eine zersprungene Bergkette.

Da sind Straßen, eingezäunt hinter Baumaßnahmen
und rosa Strichcodes.

Dort laufen Menschen vorbei an Litfaßsäulen, die
Masken tragen für alle Situationen
und Gefühlsschwankungen.

Und da bin ich.
Von oben gesehen, nur ein schwarzer Punkt
auf dem Asphalt.

Glaubensk(r)ampf

Mein Glaube…lose wie ein Pflasterstein,
hebt und senkt er sich unter den Füßen
fremder Schatten.

Bin zu schwer, um mich wie eine Fahne
im Wind zu drehen.
Bin zu leicht, um an Grenzen zu stoßen.

Die Suche nach dem Unendlichen erweist sich
als schwierig, trägt doch das Göttliche
kein fluoreszierendes Licht, um sich vom Dunkel
abzuheben.

Die Sonne ist konfessionslos.
Ihre geschäftigen Strahlen sorgen auch ohne Schuldschein
und Klingelbeutelzugaben dafür, dass sich die Erde
für Alle weiterdreht.

Trotz dieser Gewissheit frage ich mich, wo meine Seele ruht,
wenn ich nicht mehr bin?
Ruht sie überhaupt? Und…
Gibt es einen Himmel für Pflastersteine?

Verabredung am Telefon

Am Wochenende oder vielleicht nächste Woche?
Besser wäre es in einem halben Jahr, wenn die Kälte
nicht mehr so sehr kratzt wie ein Frottierhandtuch,
bei dem man den Weichspüler vergessen hat.

Ja, an einem zufälligen Tag, der wie ein loses Blatt
im Kalender hängt…ein Schaltjahr womöglich?
Wir können uns doch nur unter einem Baum stellen und
Schatten suchen, anstatt uns zu küssen.

Wir müssen auch dem Herzklopfen keine Bedeutung schenken und
du brauchst dir keine Rose ins Knopfloch zu stecken.
Wir werden sicher nicht aneinander vorbeilaufen, sondern
werden uns an unseren leichten Blicken erkennen.

Schweigepflicht

Gestern noch, haben wir unser Schweigen in Ordnern sortiert…
Mundfarben und in Traurigkeitswinkeln.
Wir sind beide nicht gut in Geometrie, verstummen aber nicht
in Bildnissen und Vorwürfen.

Je blutiger die ausgefransten Lippen, desto spröder die
angedeuteten Schreie hinter der Schallmauer
verstaubter Ohren.
Stille, Halsschmerzen und Herzweh.

Heute ist auch kein Schweigbrechen in Aussicht. Die Zungen,
wie schweres Kirchengeläut.
Sündhaftes Blei zwischen unseren Zähnen.

Die Kehlen eingeschnürt und zurückgezogen wie ein Krampf.
Kampfvollendung.
In unserer Ehe-Apnoe kann nur der Gefühlstod gewinnen.

Dein Kreis. Mein Kreis.
Darüber wacht jetzt eine Krähe, den Notizblock unter ihren
schwarzen Flügeln griffbereit.

Oder ist es doch schon der Scheidungsrichter, der unsere Stimmen
zählen will.
Wir haben Schweigepflicht. Noch immer.

Nachtschicht

Nachtgebunden, fällt die Arbeit nicht mühseliger
von der Hand, als am Tag.
Im Wechsel, die Lichter, die rot aufflackernd,
um ein Gespräch bitten.

Es sind die gleichen Böden, die es abzugehen gilt,
Nacht für Nacht, lang und weiß.
Normbegrenzt, durch Sicherheitstüren und Vorschriften.

Hier und dort, ein traumgeplagter Schrei.
Hier und dort zu liegen…
ein Albtraum.

Altenheim

Quadrat auf Quadrat. Blocksystem gepresst auf Bauvorschriftenmaß.
Ein angelegter Garten mit genmanipulierten Einheitsrosen inmitten
einer ein Zentimeter hohen Rundumtraumwiese.

Das Grün der Grashalme wird im Werbeflyer nachbearbeitet.
Das 24 Stunden Lächeln des Pflegepersonals auch.
Das Kaninchen im Käfig lässt sich streicheln. Genau wie
die demente Brunhilde.

Die Terrassentür versperrt. Natürlich wegen der Sturzprophylaxe.
Krisen gibt es nicht, denn die werden wegvalidiert.
Pflege, Biografie orientiert und personenbezogen.
Wenn die Zeit dafür reicht.

In der Dokumentation wird mit Bleistift gearbeitet. Wie bei den Wahlen,
erkennt man unterm Strich das Ausradierte nur bei Licht.
Ich war es nicht! Ich auch nicht!

Im zweiten Stock wird der multiresistente Herr Müller
bekämpft. Die Hygienestandards lassen einen geruchsneutralen
Bewohner plus Umgebung zu.

Nach Feierabend wird der Finger in die Currywurst getunkt.
Endlich keine lebenstote Zone mehr.

Leben im Netz

Kurz eintauchen in die reale Welt. Kulturschock und Überlebenstraining.
Zu viel an Gefühlen. Zu viel an Nähe.
Kontrollverlust. Nicht steuerbar.
Dann doch lieber…

Virtuell die Suche nach Nähe, aber mit Abstand.
Liebe ohne Berührung. Sprechen per Buchstabentaste,
ohne Kloß im Hals.
Häuser und Luftschlösser bauen ohne Bausparvertrag
und ohne dich.

Status Innenwelt…verkommen. Außenwelt…Fassade.
Verkehrte Welt?
Mit und ohne Grenzen. Grenzüberschreitungen.
Grenzenlos bis gesperrt im Highspeedmodus.

Möchtest du dein Leben jetzt ganz herunterfahren?
Ja? Nein?
Später nochmal nachfragen?
O.k? O.k!
Dann kannst du jetzt Herz und Hirn ausschalten.

Potpourri

Ein Potpourri aus verschiedenen Kaffeesorten.
Mannigfaltig duftet die Auswahl der unsichtbaren Kaffeeschwaden.
Von magenfreundlich bis gereizt.
Von koffeinfrei bis ultrazittrig. Und garantiert ohne Tierversuche.

Wen juckt's? Die Bohne?
Naturbelassen und aus Freilandhaltung, biologisch vertretbar und von Glücklichen Sklaven gepflückt.
Natürlich wirtschaftlich für die Plantagenbesitzer. Und…

das gibt es auch hier.
Als Ein-Euro-Jobber und Hartz IV.

Robinson Crusoe

Der Ostwind bringt steinschweren Regen mit…flutet
die Decken der Obdachlosen.
Das Treibholz der ungenutzten Bänke verankert sich
wurmlochzerfressen an den Wiesen mit Verbotsschildern.

Zwischen Mauern und blattlosen Bäumen, rascheln Zeitungsfetzen
im Überlebenskampf mit Werbeeinlagen für Wohlbetuchte.
Es weihnachtet sehr in den Geschäften. Über dem
hungrigen Robinson Crusoe hängen Frostkugeln voller Verzweiflung.

Eine Wärmflasche –hundertprozentig– setzt Zeichen für die
Vorbeilaufenden. Aber die lassen ihre Hände lieber in den Wärmestuben
ihrer Handschuhe und der Ostwind bringt steinschweren Regen mit…
flutet die Decken der Obdachlosen.

Mohn

Aus meiner Augenschale pickt der Nachtwind ein letztes
Restsommerleuchten.
Außerhalb der Brauen ist es bereits Winter.

Die Erinnerung fällt wie eine einzige Schneeflocke
in den Feiertag hinein und kühlt
meine warmen Füße.

Wie damals schweben sie über der Eiszeit, als
deine Liebe mich zum Tanz aufforderte und
der Stachel eines Skorpions meine Fersen warnte.

Ich sehe noch deinen Mund, wie er gänsehautbegierig
an dem Gift saugt.
Das Geräusch deiner Lippen kehrt in mein Ohr zurück
wie ein Bumerang, der die Flugbahn meiner Angst berechnet.

Vor dem Fenster winkt mir der Mohn mit
roten Fahnen aus rohem Fleisch…
ein Meer von Blutfeldern.

WOLFSMOND UND DANACH WAR ALLES ANDERS…

Das Bett war ein Anderes. Die Kissen…die Decke.
Die Musik vom Nachbarn, die bis um drei Uhr die Tapeten wölbte.

Der ausgestreckte Arm vor dem sie floh.
Die Stille, die nicht mehr spürbar war.

Die aufgestellten Härchen am Arm, die sich nicht mehr legten.
Selbst, als der Traum durch einen Spalt ins Freie strömte.

Wolfsmond und danach war alles anders…als sie zurückblickte
Zu den Sternen, die nicht mehr diamanten leuchteten.

Die Stunden bis zum Sonnenaufgang, die friedlich verhungerten.
Die Straßen, die weiß waren vom Januarschnee und
der geglasten Traurigkeit.

Das Haus, aus dessen Mauern man noch das geronnene Blut roch.
Das augenlose Zimmer, das unterm Wolfsmond versteinerte und die
Frau, die barfuß über der Erinnerung schwebte.

Wolfsmond und danach
war alles anders.

Windungen

Beim Zurückblicken erkenne ich den alten Zopf,
der mir ergraut im Nacken liegt.

Die Erinnerung formt sich zum Wind, der mir
wie eine grobe Hand durch das Haar fährt.

Wie hätte ich wissen können, dass er dabei meine
Gedanken berührt.

Leben

Die Natur steckt noch in ihrer Geburtsglocke.
Der Morgen zeigt sich mir in milchnebligen Zitzen.

Ich will daran saugen, sobald ich mich
mit dem Leben angefreundet habe.

Januar 1954

Der Boden ist glatt. Und die alten Teppiche sind zur Seite gekehrt.
Familienfeier einer aussterbenden Generation.
Mottengeruch strömt aus ihren Kleidern. Unter den Stirnfalten
kräuseln sich Geschichten.

Sie sind alt und älter. Ihre Bewegungen sind mumifiziert.
Omas, Opas, Onkel und Tanten.
Ich bin viel zu jung, um wegzulaufen oder über den Tod zu reden.

Sie streichen über mein lockiges Haar und über die Erinnerungen
an meine Geburt.
Eine dunkle Strähne, verwirrt wie meine Gedanken, bleibt in
der kriegsversehrten Hand eines Unbekannten hängen.

Der Raum wirkt wie ein Großraumsarg. Gefüllt mit hölzernen Gestalten
und mit Zahnreihen, die sich öffnen und schließen, wie unser
Nussknacker am Weihnachtsabend.
Ich hangele mich zwischen Hosenbeinen & Nylonstrümpfen hindurch

und träume dabei vom Versteckspiel inmitten uralter Kiefern.
Zigarrenasche fällt wie ein drohender Himmel auf die gestärkte Spitze
meines blauen Kleides und…ich fliehe vor dem entzündlichen Nebel.
Durch die Terrassentür lockt mich die Wiese zum
Gras atmen ein.

Nachtigall

Ein Knick im Selbstwert und schon werden die Gedanken gepfählt.
Für wessen Sünden eigentlich?
Ich stehe mit beiden Beinen auf verschiedenen Kontinenten.
So winzig, dass es sich nicht lohnt, sie auszubeuten. Ich treibe im
Zwei-Sprachen-Meer. Und falle. Falle, sobald sich die Erde dreht.

Kindheit. Dünne Wurzeln und schon mit dem Bade ausgeschüttet. Noch
in Laufschuhen frisst sich die Erinnerung zuerst durch die rechte Niere.
Die vom Arzt verordnete Dialyse reinigt das Blut und macht mich wieder
familientauglich.

Zuhause singt die Nachtigall. Doch meine Knie sind zu weich, um
ihrem Ruf zu folgen. Ihre Melodie nimmt einen Umweg und ertrinkt
im Bachrauschen. Im Schutzraum meiner Träume schreibe ich ein paar
Wörter auf. Buschwindröschen…Ozean…Berg.

Am nächsten Tag habe ich die Bedeutung vergessen und das Lied der
Nachtigall. Es war nur eine Übung, wie belastbar mein Herz ist.

Erinnerung

Im Gedankennetz verfängt sich das Blau,
das Rot und Grün der Kindertage.
Verblasst in runden Spiegelungen.

Ich denke zurück an die Vatersprache…nie gehört.
Die Sprache der Mutter…unversöhnlich und fremd.
Kümmelbrot und Trost unter Omas Schürze.

Ich zupf am Netz und an den Farben. Dreh die Perlen der Erinnerung
zwischen Zeigefinger und Daumen…zerreibe sie ins Namenlose.

Rosinen

Der Fleck auf Mutters Schürze. Kaum sichtbar, das Gestern.
Heute trägt sie braun und gelb. Kleinkariert wie die Nachbarn.

Statt Hefe, mischt sie Bitterkeit in den Zopf. Kräftig, formen mehlige
Hände das Vergessen und uns Kinder.

Im Ofen, geht der Teig nicht auf. Das Türen zuschlagen, vertreibt
die Wärme.

Süß, die Rosinen vor dem Sturm.

Wegkreuzung

Die Füße straucheln am Klang der Dunkelstunden, die sich
kalenderfern ins Leben eintragen.
Ein Kommen und Gehen wie ein Mückenschiss am
ungeputzten Fenster. Ein kaum beachteter Augenblick.

Im friedlosen Frieden erwärmt sich kein Stein, bevor
er über die Grenze geworfen wird, um sich am Messer des
Sensenmannes zu schleifen.
Ist er überhaupt ein Mann, der Tod?

Hat ihm schon mal jemand unter die Kutte geschaut?
Vielleicht sollte man im Himmel über eine Frauenquote
nachdenken. Der Tod könnte dann in Mutterschutz gehen, um

sich am Atmen, am Wachstum und dem Geschrei der Babys
zu erfreuen. Möglich wäre auch, dass er sich ein wenig zurücknimmt oder
um Asyl bittet auf einem anderen Planeten, bis wir im Methusalem-Mief
ersticken. Wo Leben ist, kann sich der Tod leicht integrieren.

Die Zukunft, windgefegt, schwillt wie ein kleiner Spreißel in den
Gedanken. Ein nicht heilender Schmerz der pocht und pocht.
Soll ich ihn dann weiter hineindrücken, dass er bleibt und mich
weiterhin reizt?
Und dann geschieht es, dass aus Tagebüchern Geheimnisse fallen, die die
Herzkammern mit Blei fluten. Und zwischen Winter und Sommer wird das
Licht der Hoffnung wie in einer Pfanne, teflonbeschichtet und
salbölfrei gewendet.

Kind

Wenn zarter Säuglingsduft dich nicht mehr umgeben würde,
so würde ich dich halten immerzu in Decken voller Liebe.

Selbst wenn die Lider über müden Augen ruhen, so würden
meine Arme Heimstatt deiner Träume sein.

Ich

In sich hineinhören. Lauschen…suchen…finden.
Wer bin ich?

Ich!
Ich?

WEGGedanke

Ich kenne diesen Weg, der vor mir liegt. Die Stufen, die mich
hinunterführen und auch wieder hinauf.
Ich weiß, dort weht der Wind. Hier macht er Pause.
Um die Ecke wirbelt er Sand auf.

Zwischen den Blättern lacht und rauscht er mit den Vögeln.
Im Gras biegt er die Halme. Der Wind. Am Weg. Am Wegesrand.
ein Gedanke.

Ein Fremder fragt mich:
Wie heißt der Weg? Wo führt er hin?
Er heißt Weg, antworte ich.
Er trägt mich und meine Neugierde.

Er legt mir keine Steine vor die Füße und Hürden, die ich meistern muss.
Und fragen sie den Weg, wer ich bin, so würde er antworten:
Ein Gedanke, weit oben und Beine. Ich kenne sie gut…

Im Stehen und Gehen. Im Ruhen und Hasten. Im Sommer und Winter.
Nur die Füße tragen zuweilen andere Schuhe.
Manchmal hinkt der Eine in der Vergangenheit und der Andere
zieht ihn dann zurück in die Gegenwart. Füße halt.

Und so kennen wir uns gut.
Wozu braucht es noch einen Namen?

Träume nicht mein Leben

Träume nicht mein Leben. Geh mittig mit geöffneten Augen.
Rechts und links von dir sind keine Sonnenstrahlen. Nur ich.

Träume nicht mein Leben. Geh mittig mit geraden Füßen.
Rechts und links wachsen Steine zwischen den Tannen. Gruben und
dunkle Zeitsprünge.

Träume nicht mein Leben. Geh mittig mit geradem Rückgrat.
Rechts und links hat der Tod sein Siegel daraufgesetzt.
aus bruchfestem Wachs.

Träume nicht mein Leben. Geh mittig mit erhobenem Kopf.
Rechts und links flammt das unauslöschbare Rot und ziert
die Rauchspur der Schwermut.

Träume nicht mein Leben. Geh mittig und nicht allein.
Blick über dem Tellerrand.
Rechts und links wohnt die Angst.

Einwanderer

In meinen Alveolen findet kein Austausch statt.
Zug um Zug verliert mein Atem an Volumen.

Besucher, fremd und ohne Sprache, kommen über
meine Lungenwege. Ohne Pass und namenlos gealtert

atmen sie die schattenlosen Wiesen ein. Felder um Felder hungern
sie sich an goldenen Halmen satt

schöpfen aus meinen Nebenhöhlen und dem Brunnen
des ewigen Lebens.

Jahreszeitenringe

Ich will in diesem Leben jenen Baum pflanzen, dessen Wurzeln Flügel
haben, und dessen Krone eine Tür in deine Welt.
Mit einer glatten Rinde, damit sich mein Herz nicht daran schleift.

Nie würden sich meine Augen sattsehen können an seinem Stamm,
noch verletzt er meine Lider, durch hölzerne Spreißel der Eifersucht. Und

nie würden meine Füße müde werden, beim Durchlaufen
seiner Jahreszeitenringe.

Nemo

Festgezurrt.
Der Wind in graue Segeltücher.

Von Geisterhand verknüpfte Schwüre.

Im Bart das Salz von vielen Meeren.

Von Gischt geblendet wird das Auge.
Ein Zweites…nur Erinnerung.

Ins Holzbein Zeit geritzt. Ins Fleisch die
kriegerischen Jahre.

Sturmgepeitscht die wenigen Gedanken die
Ausschau halten nach dem weißen Wal.

Flechtwerk

Er ist wie ein knorriges Geäst. Ein vom Leben geformtes Flechtwerk.

„Wir lieben ihn. Trotz seines glasweinenden Auges“.

So pflegten die Leute, über ihn zu reden.

Von der ZEIT und ihren groben Körnern…

Noch ist Zeit

Herbstwind streift ganz sacht die glühenden Wangen.
Berührung. Aufbruch. Neubeginn. Doch…
Noch ist Zeit!

Die Tage werden feingliedriger und lassen sich auf eine
blaue Winde spulen. Doch…
Noch ist Zeit!

Und so füge ich mich tagein, tagaus ihrem Uhrwerk. Stell mich
gedankenumsponnen vor oder zurück im
Seelen-Werden und Vergehen-Kreis.

Wem fügt sich die Fügung? Denn…
Noch ist Zeit!

Jetzt bin ich Mensch. In Zukunft aber, will ich Bäumin werden.
Mit starken Wurzeln in die Erde greifen.
Ich würde nicht mehr schreiben. Doch könntet ihr mich jahrhundertelang
befragen. Denn…
Noch ist Zeit!

Ich würde euch antworten. Euch ein Gedicht zuflüstern…düngerfrei und
ungebleicht. Auf meiner Baumrinde könnt ihr eure Namen und Verse
ritzen. Denn…
Noch ist Zeit!

In meinen Ästen zweigen grün und unbeschnitten wilde Träume. Der Äther atmet mich und ich tanze still in seinen Lungenbläschen. Denn…

Noch ist Zeit!

Zeit

Zei

Ze

Z.

Windgefaltet

Diese und nur diese, ist unsere Zeit.

Zeit, welche zwischen Werden und Vergehen, leise
und leiser wird.

Still ersinnt das Herz, das Unmögliche.

Das WIR. Das UNS. Windgefaltet.

Wandel

Alles schwindet im Wandel der Zeit.
Die Wälder, die einst so grün, so hoch. Der Blätterduft.
Die Stämme, die uralten, sind abgeholzt.

Ich muss mich nicht durch das Zweigschweigen hindurchzwängen
um an die glanzlose Lichtung zu kommen.
Die Monsato-Kultur schneidet mir eine Schneise zum Verderben.

Vorbeiläufig, das Rot der Füchsin. Ein Hauch von Blei liegt noch
in der Luft. Das körperlose Fell ziert den Hals materieller Sünden.

Dort unten stirbt gerade der letzte Bach. Klagend erliegt dem Dunst
vorbeifahrender Autos. Sein Flüstern verebbt im Schlack und der
Atemnot zappelnder Fische.

Das enggeschnürte Korsett meiner Kindheit ist noch enger geworden
im hastigen Schnellspurleben. Die Gier nach Ruhephasen, gieriger.

Im Gedächtnismuseum halte ich meine Visionen von einer besseren Welt
staubfrei.
Alles schwindet, schwindet im Wandel der Zeit. Auch ich…irgendwann.

Vergänglichkeit

Der Wind treibt mir geborgte Zeit unter mein dunkles Gefieder,
hebt mich vom Fangnetz befreit, in die Höhe.

Dort oben zwischen Wolkenflocken ruht die Vergänglichkeit wie
ein Schmalzbrot auf meinen Adlerschwingen.

Wer wäre ich, wenn ich nicht in dieser vorzeigbaren Hülle wäre?
Wo lande ich, wenn meine Gedanken mich aus dieser Verwandlung
hinausstoßen?
Und kann ich noch weit genug fliegen, wenn die Wahrheit mein
Federkleid zerreißt?

Mir scheint die Erde nicht groß genug für mein Ansinnen. Nur die Nacht,
in ihrer väterlichen Barmherzigkeit, erleichtert mir die Landung
fernab meines Hortes…
im Hier und Jetzt.

Rastloses ICH

Das Schweigen der Uhren…
allmähliche Stille des rastlosen ICHs.

Sommergestern

Die kommenden Stunden. Ich werde sie nicht zählen.

Unterm Strich…jedes Plus ein Sommergestern.

Und jedes Minus…nur Verlust.

Immergrün

Da rinnt die Zeit dahin…immergrün.

Und zwischen gestern und morgen bleibt der Duft von
lila Flieder…

Schmetterlingsgebunden.

Ewigkeit

Die Ewigkeit…nicht an Orte gebunden, noch zeiterfasst.
Sie ist ein Suchen, ein Finden…
Überall.

Wurzeln

Bin durch fremde Gassen meiner Heimatlosigkeit gelaufen.
Entlang der Mauern, warf ich keine Schatten.

Hinter einem Vorhang rief jemand:
„Wohin eilst du?“

Und ich antwortete:
„Zu meinen Wurzeln!“

HEIMAT, wo ruht dein Kopf?

Vorhersage

Seherin, du Weise. Siehst du die Ungeduld in meinen Augen?
Ich bin wie eine Flüchtige, die durch das Stadttor eilt und die
Heimat verlässt, um sich der Erfüllung entgegenzuwerfen.

Gewähr mir einen Blick auf Morgen,
da das Heute schon im Dämmer ruht.

Flucht

Im Teppichmuster meiner Oma erhebt sich die
Kriegsfarbe und Bannerverletzung.

Über die sorgsam geknüpften Schleifen
-alle nach rechts gekämmt-
flockt Erde aus ein paar Soldatenstiefeln.

Das Weiß, das einem Herbstnebel glich, trat zurück.

Angeschwärzt von den Nachbarn blieb ihr nur einen Blickkontakt Zeit,
um das tragbare Stück Heimat zusammenzurollen und

sich wie eine Ertrinkende daran festzuhalten, bis zum nächsten
Schützengraben oder Besuchsstunde mit mir…
Rorschach-Test.

VogelFREI

Ich bin nie ganz auf dieser Erde gewesen. Schon immer wurzelte mein
Stamm verkehrt herum.
Aus meinen Wurzeln ließ ich weiße Flügel sprießen. Schon als Kind
begann mein Möwenflug.

Dort oben hält mir mein Fernweh, den erdgebundenen Wind
vom Leib. Doch zwingt mich hin und wieder die salzige Luft
zu Boden.

Dann schüttele ich den Sand ferner Länder aus meiner Reisebereitschaft.
Lege falsche Fährten in die Landungsbuchten.

Nachts falte ich meine Heimatlosigkeit zu einem Ruhekissen und
schlafe zwischen den Dünen meiner Sehnsucht.

Am Morgen dann, wenn die ersten Sonnenstrahlen Muschelfleisch
aus den Häusern ziehen, ist mein Schatten längst fort und ich bin
„VogelFREI".

Auf und davon

Auf und davon in Siebenmeilenstiefeln. Das Tischlein-deck-Dich…
Rucksackgebündelt.
Unterm Hut die toten Dichter.

Über Nacht werden die gefundenen Wörter auf Grashalme gespießt…
zum Trocknen.

Kein Papierkorb in dem alte Erinnerungen stauben. Stattdessen Versspiele
im Tausch für ein paar Krümel und ein Stück Papier.

Federlos die geflügelten Worte, deren Gedanken über dem Boden
schweben, aber nicht abheben können.

Hier und dort eine Bleistiftmine, die unter der Schwere
der Heimatlosigkeit zu zucken beginnt und auseinander bricht.

Schneckenschlüpfrig rutsche ich in den nächsten bewohnbaren Traum.
Dort winken mir die ersten Ideenfahnen.
Dort setze ich meinen Fuß auf.

ZEILENLÄUFE, IRRUNGEN UND WIRRUNGEN IM WORTSALAT

Heute schreibe ich nichts

Zwischen meinen Fingern liegt noch das unsortierte Alphabet
der gestrigen Nacht.
Die Gedanken schuppen wie abgestorbene Hautpartikel und füllen
die Gedächtnislücken.
Auch diejenigen, die mich veranlassen den Satz zu schreiben:
„Heute schreibe ich nichts“.

Die Tinte klumpt wie der Fuß meines Nachbarn, dessen Schuhe
Maß-angefertigt über den brüchigen Nägeln liegt.

Heute…Was tue ich nicht?
Scheiß drauf…ich hab es vergessen.

Still

Still, ein Wort…
fünf Buchstaben.

Still, ein Wort…
fünf Buchstaben?

Reisezeit

Mein Kopf, ein geparkter Koffer im Aufbruch mit Worten, Silben,
Sätzen…
Gedanken.
Zeilenlauf oder doch im freiem Flug?

In alle Himmelsrichtungen, die Sonne.
Die Erde ist frisch und die Grenzen sind durchlässig.

Im Handgepäck sortiertes Schweigen, zollfrei.
Darin verlier ich mich.

Mondin

Werden. Sein. Vergehen. In welcher Reihenfolge?
Abwärtskreiseln der Gedanken die einst Träume woben, die silbern waren
wie die Mondin.

Sprachunverständnis des Computers. Er kennt die Mondin nicht.
Er hat auch noch nie geträumt oder gar gesponnen. Wie ich.

Er will nur den Mond zulassen. Doch das kann ich nicht.

Und wieder stehe ich in einem Kolosseum und werde meiner
Sprachfehler beraubt.

Aber ich widerstehe… wie viele Male zuvor, stoße ich auf Unverständnis.
Ich gestalte mich aus der Arena heraus, deren Tribüne aus Marmor ist…

Steingenormt und unbeweglich.
Unbeweglich. Ich bin es nicht.

Am Ufer der Rechtschreibfunktion kann ich mich bewegen. Jetzt, kann
Unverbesserliches geboren werden. Darf sein…trotz Sonnenfinsternis.

Los, das rot Unterstrichene musst du verbessern, hör ich jemanden rufen.
Es ist der Geist der Kindheit, der auf meine Finger blickend, den
Kochlöffel
erhebt und droht. Wie mein Computer.
„Ihr PC ist gefährdet!“

Aber ich schreibe und lasse meine Gedanken abwärts kreiseln. Webe
Träume die silbern sind.

Silbern wie die M
O
N
D
I
N.

Zugfahrt

Wie ein grüner Schwarm Kanarienvögel rast die Zeit entlang von Zugfenstern.

Dörfer…Gärten…Bäume. Von der Mechanik zerfetzte Fellglieder. Rechts, links, neben gebündelten Schienen.

Kein Stopp. Kein Halt. In dunklen Bahnhöfen bleiben Zuwanderer auf ihren Tüten sitzen.

Ein Signalrot wird durch den Klang einer Trillerpfeife unterbrochen. Nur kurz erkennt man die Gespenster auf den Gesichtsfeldern der Reisenden.

Gedanken stieben auseinander. Beim Durchblättern des Zeitungstextes rückt die Welt gefährlich näher.

Sechs Stationen weiter weckt mich die Durchsage durch halbgeöffnete Augen. Nach Himbeerblut…so schmeckt ein zerrissener Traum.

Ein Wort

Von allen Worten die in den Gedanken sind, vergesse ich nicht Eines. Wie Hab und Gut, trage ich sie durch die dunklen Gassen der Nacht.

Durch meine Träume lass ich sie schweben und durch den blauseidigen Äther. Dazwischen pickt der Tag die verbliebenen Silben aus meiner Hand.

Unter meinen Lidern glättet sich das Zeilenmeer, wenn Worte Wellen schlagen. Wie ein kleines Kind hab ich gelernt mit ihnen zu laufen. Wie eine Träumerin zu fliegen.

Tue ich es nicht, verliere ich mich ins Nichts. In die Leere und dort atmet mich der Tod.

Dichterhain

Ich streife durch einen Dichterhain und streichele
geflügelte Worte, die sich neugierig
neben mich setzen.

Vereinzelt fallen Lyrikblätter von den Bäumen
und legen sich still auf einer wildwuchernden
Prosawiese.

Während ich eifrig Blüten sammle, um sie zu
einer Anthologie zusammenzubinden, lädt mich
ein Elfchen ein.

Bei einem Akrostichon und einem Haiku
philosophieren wir über Balladen und Limericks.

Mit einer kleinen Ode an die Dichtkunst
verabschieden wir uns.
Ich fand es „sonett“.

Schweigen und Vergessen

Ich habe die Worte abgelegt, die nicht geschrieben werden wollten.
Ich faltete sie zusammen, wie ein lang gehütetes Geheimnis.
Wie einen kostbaren Gral, aus dem ich immer und immer wieder alles
Werden schöpfen konnte.

Und ich bewahrte sie auf, wie feinstes Porzellan, das niemals staubt
oder klirrt, sondern Geschichten flüstert…
Vergangene. Gegenwärtige. Zukünftige.

Ich bewahrte sie auf, wie seidene Bettbezüge. Wie eine Mitgift,
ein von der Großmutter zart bestickter Segen. Und ich legte sie ab,
wie die Grabbeigabe ewig Liebender.

Ja, so legte ich sie ab. Das sie niemals aus dem Äther fielen. Und ich
gab ihnen Raum und einen Platz im Zeitgefüge und setzte sie neben
Schweigen und Vergessen.

Und ich vergaß und schwieg.

Gedankentätowiert

Der Alltag dichtet mich an Orte mit brückenlosen Flüssen.
Boote vollbesetzt mit kameraverzückten Touristen füttern
blaue Delphine mit süßen Bonbons.

Sie schießen Löcher in die Natur…machen Platz für
neue attraktive Bauten…tragen den letzten
Regenbogen in einer Plastiktüte ins Hotel.

Die schwarze Farbe verleiht mir Flügel. Aus der Vogelperspektive
sehe ich die leeren Nester. Auf den Zeilen nistet der Mainstream.
Doch seine Eier sind längst tot.

Tiefträumerisch saugt das Kalb Milch vom Vollmond. Ich streichele sein
weiches Fell bis es golden glänzt. Nachts ziehe ich mit einem Magneten
Die Sterne vom Himmel und

lege sie mir unter mein Kissen, damit sie ins Gesicht des Alptraumes
leuchten. Der verglüht und füllt mit seiner Asche die tausendste Urne.

Ich vergrabe sie und all die anderen.
Bald sind sie Geschichte.

Erntedank

Allerlei Fehler. Im Gedankenkorb sind die Buchstaben herbstgefärbt.
Wer denkt daran, den Traum, den er träumt, um zu träumen?

Wer liest sein Buch von hinten? Der, der in der Vergangenheit weilt?
Oder der, der in der Zukunft schläft?

Von fern das Silbengeläut, schüttelt altbackene Verse unter
die Gläubigen. Aber die Muse ist Heidin.

Ihre Schriften sind druidengestärkt. Sie zählt die bedeutsamen Kerne
aus der Granatfrucht.

Wie viele brauche ich für eine Vision?
Wie viele Seiten für ein Buch?

„Ich frage zu“, antwortet es aus dem Kessel.
„Ich frag zu viel“…ich weiß!

Neubeginn

Ein Wald aus vielbeschriebenen Blättern. Du zündest die Wortstämme an
und lächelst, während züngelnd rote Flammen zucken.
Die gelben Augen der Feuersbrunst, erfassen jede Krone.
Blatt für Blatt, sterben Verse.
Baum für Baum…Geschichten.

Die Gedanken, steigen nach Zedern duftend, gen Himmel, mischen
schwarzen Rauch mit blauer Endlosigkeit.
Warme Asche wärmt die Hilflosigkeit und auch die kalten Füße.
Zwischen verbrannter Erde, lugt ein Wort hervor. Das Einzige.
Neubeginn.

Ich komme endlich zur Ruhe. Im Morgengrauen, stecke ich die
Traumreste in eine Urne und stelle sie dem Genius zur Schau.

Schafott

Das Tor zur Welt ist eine Feder mit Tintenblut.
Sie taucht in mich ein und ich werde schweigend zum Wind, der
die Asche stummer Worte verstreut.

Ich säge Äste von den Bäumen und schneide Asphalt, wenn ich
Sturm läute. Mitunter trenne ich Gott von seinen Pflichten. In Gärten
fremder Geschichten setze ich mich um zu lernen…

lass meine Beine von einer blauen Bank baumeln und schöpfe aus den
Brunnen der Vergänglichkeit. In den Blauphasen ist die Welt ein
Kreißsaal.
Da ruht das Denken und Sterben nach Vorschrift.

Ich gelobe der Muse Besserung…höre den Henker rufen. Über meinen
Zeilen kreist bereits sein Schafott und köpft haufenweise weiße Tauben.
Aber am Ende bin ich es, die unter der Pergamenthaut verblutet.

Von den REISEN, dem MEER und mehr…

Umzug

Wenn ich umziehe, nehme ich meine Erinnerungen mit und einen Notizblock.
Darin sind die Wälder enthalten, der Mond und die Sterne.
Darin sind die Sonnenstrahlen gefaltet zu einer goldenen Decke.

Darin ist die Landschaft enthalten, die sich verändert mit jedem Schritt.
Die spitzen Steine und die flachen, die meiner Hand schmeicheln.

Darin ziehen Häuser vorbei und die zurückgezogenen Vorhänge, hinter deren Scheiben mir die Menschen zum Abschied winken.

Und daneben fließen die Flüsse, die Bäche und Seen
-mir die wunden Füße zu kühlen-
Und die Gletscher, die da tauen zwischen den Pausen.

Poesie

Auf kleinstem Raum die ganze Welt bereisen.

In einer Nussschale voll feiner Poesie.

Wortgetrieben entlocken wir der Nacht, ein leises Sehnen.

Gezeitenreise

Häuser staubverweht. Wiesen mondbefüllt…
Sternrauschen im Stundengesang.
Schnell das Kalb in Gold gefasst.
Am Horizont eine neue Zeitschleife…regenbogengleich.

Da, die erste Pyramide erhebt sich aus dem Sandsturm.
Ich lasse sie an mir vorbeiziehen, wie meinen steinernen Sarkophag.
Isis winkt mir zum Abschied, streut Saphire und Rubine auf den Weg.

Vorbei und noch viel weiter…zurück.
Aufschlag im unbekannten Land. Eden.
Lilith, du falsche Tochter!

Jemand ruft meinen Namen. Aus den Wolken strömt roter Zorn.
Glühend heiß ist das Schwert der Trennung.
Schmiedekunst aus göttlichem Stahl.

Ich kenne ihn gut seit tausenden Äonen. Er vertreibt mich aus
dem Paradies. Ich lasse Eva meinen Garten, die Schlange und die Sünde.
Und geh zurück zu Gaia, meiner Mutter. Reise als See durch die Zeit, aus
dem alle Welt Erkenntnis trinken darf.

Meer

Gleiten wie ein Schiff und jeden Augenblick droht mir der Sturm.
Der Sonnenuntergang entzündet das Schaumgewölk der Wellen.

Wie ein kühles Leinen legt sich der Wind um meine Stirn.
„Ist der nächste Tag noch mein?“ flüstern die weißen Segel.

Wann zieht es mich in die Tiefe?
Ist es tief genug um zu ankern?

Meerestraum

Kein Schiff dort draußen. Kein Segel das den Wind entzweit.
Die Gedanken nach der Tiefe suchend.

Kein Steg, der mich zu sich winkt.
Keine Rast und Ruh, trotz der Stille.

Die Muschel am Ohr…Perlmuttflüstern, Windgesang & Wolkenklang.
Willkommen, leises Wellenschlagen.

Feuerglut

Da schwimmt das Boot den Traum entlang.
Wurzellos wie die Heimat.

Fremde Hoffnung und krause Wellen
fächern Atem zu.

Die Zukunft stirbt in
Hades' Feuerglut.

Unterm Himmel

Dichter Schaum wogt die Wellen. Meeresrauschen bauscht die Segel auf.
Der Sonnenuntergang ist rot wie Möwenblut…ein Tropfen, der sich in
die Wolken kämmt.

Purpurnes Rauschen. In den Fischernetzen zappeln die Boten des
Mondes. Dann ist es Nacht und die Abendruhe betäubt den Walgesang.

Seemannsgarn schneidet Gitter in den Bauch einer neugierigen Robbe.
Ihre Barthaare sind zum Ruhen angelegt.

Boote aus toten Leibern spiegeln sich im nachtblauen Himmel. Die Angst
wird um Mitternacht auf Haltbarkeit gelegt.

Wohin treiben ihre Seelen, wenn das Schiff den Anker lichtet?

Der Wind treibt den Sternen Salz in ihr Leuchten.
Sie weinen nicht. Sie scheinen nur.

Von den SPIEGELUNGEN

Gefrorener Teich

Unterm Eisspiegel ermüden die Herbstgesichter.

Die Bäume leeren ihre krausen Blätter.

Ein Rätsel, wie sorglos der Teich ruht.

Tonspur

Tröstlich der Klang deiner beruhigenden Stimme.

Zuweilen aber halte ich mir die Ohren zu,

um mich erneut in diese Tonspur zu betten.

Schwarzes Loch

Die Luft anhalten, als hätten wir die Kontrolle über unser Leben…
dem Brustkorb, die Atmung, das Herz.

Innehalten im Wartehäuschen der Busstation. Als könne man die Zeit
austricksen für einen Moment, die Zukunft wenden.
(Unbemerkt vom Tod)

Und dann wieder in die Haut fahren.
(Als wäre nichts gewesen)
Ins verschiebbare Fleisch, den porösen Knochen, ins Leben, ins Fühlen.

Die Schritte der Anderen zählen, die nicht auf leisen Sohlen gehen.
Weiterhin standhaft bleiben, obwohl sich die Erde dreht.
(Oder gerade deshalb)

Und zwischen den Gedanken ist ein Schwarzes Loch und dahinter
vielleicht das Paradies. Wer weiß!

Geheimnis

So unschuldig und rein überlagerst du des Winters Kälte.
Wogst wellengleich ein Schneebeet auf unberührter Hügellandschaft.
Sag mir, wessen Kind bist du?

Welch' ein Geheimnis hat dich aufgezogen?
Welch' Sternenwagen dich verlor'n?

Malereien

Ausziehen, die müden Kleider. Eintauchen zwischen den Landschaften…
als Fluss, der vergisst…
als Baum, der träumt…
als Fels, der schweigt.

Ausziehen, die Grautöne der Seele.
Auftauchen als Aquarell, so leicht…
als Himmel, der verzeiht…
als Erde, die gebiert…
als Luft, die raunt.

Malereien.

Begegnung

Das Leben ist eine Begegnung.
Ein Kommen und Gehen im
Windfang der Zeit.

Dialog

Zwiegespräch am Morgen.
Die Schattenkrieger ruhen.
Ihre Gräber aus weißem Nebel verschwinden
im Farbenspiel des Windes.

Unter Blätterrispen…ein Raunen.
Werden und Vergehen im Dialog.
Ich nehme es zur Kenntnis.

Zurück

Ich lausche dem Geräusch des Laubbläsers.
Zurück zum Fuße des Baumes.
Die Blätter, grün, rot und braun.

Lichtgefiltert sind die Rispen und die Larven des Sommers.
Der Wind hat sie mir auf den Weg gelegt.

Mir scheint es, als wäre nie ein Rauschen gewesen.
Nur ein anklopfen.

Ich lausche dem Geräusch des Laubbläsers und löse
einen Gedanken auf wie eine kleine Welle.

Wohin und von wem, werden wohl unsere bleichen
Baiserknochen geweht?

Trockene Zunge

Rücklings auf dem Bett, wandert mein Blick zum Fenster.
Dort draußen steht er und trägt den Hut meines Vaters.

Das Licht des Mondes lässt die dunklen Schatten zu mir
herüberschleichen. Um mich herumkreisen. Leise. Leise.

Die vielen Arme hoch erhoben, droht er mir im Zeitlupentempo
mit gespreizten Fingern und Hunderten von Ruten.

Ich dreh mich zur Wand, die Bettdecke bis zum Kinn gespannt, warte ich,
bis das fremde Wesen nach mir greift.

Es kommt nicht durch das Fenster, sondern durch einen Spalt in der Tür
und fährt mir mit einem über meine verängstigten Augen.

Dann löst sich die Erstarrung. Wer bin ich? Wo?
Die Nachtschwester nimmt mir die Klingel aus der Hand.

Da draußen ist niemand, flüstert sie.
Nur der Wind, der durch den morschen Baum weht.

Und hier lieg ich, eine sterbliche Hülle, durch die das Vergessen zieht
und die Demenz, die an meinem Gedächtnis leckt, mit ihrer
trockenen Zunge.

Vergänglichkeiten

Die Morgenröte filtert sich durch den Nebel.
Stunden aus brüchigem Glas.

Meer und Himmel improvisieren ein Bild.
Schweigend trägt der Wind Salzkrusten durch die Luft.

Die Gedanken…längst fortgewirbelt.
Welcher Vogel nistet wohl jetzt in deinem Haar?

Labyrinth

Rechts und links.
Der Mond rollt durch den Friedwald.

Auf und ab schreckt der Nebel die rauchgepeitschten
Schatten.

Die Sense liegt leicht im Gelenk für den, der keine
Wurzeln hat.

Zwischen den Grautönen zählt ein Unbekannter
die Reisenden…

Umgepflanzt

Mein Herz, von der linken, auf die rechte Seite.
Es atmet nicht.

Der Traum allein ist es, der die Brust hebt und senkt.
Zwischen losen Blättern, ein Endlos-Seufzer auf klangvollen Rippen.

Umgepflanzt.
Mein Herz von links nach rechts. Es findet keine Worte.

Ein Strauß voll Fingerhut deckt mir die Augen zu.

Krähenlieder

Krähenlieder am frühen Morgen. In den Nestern öffnen sich die
Jungschnäbel.

Im Hagebuttenstrauch schlafen noch die Kerne.
Der Tag träumt sich zum Wurm.

Zeitlos heißt der Stein dort unten.
Zeitloser das Schweigen der Toten.

Heute ist so fern. Nächstes Jahr noch ferner.
Hat denn der Tod keine Grenzen im beständigen Traum? Und
wer hat den Regenbogen vergraben?

Und mein Atem stockt

Unerforscht legen wir die Abende zur Seite.
Die Nacht tritt nicht über die Schwelle.
Sie säumt sich zum Tag.
Wer weiß, was sie davon abhält, dunkel zu werden.

Wie gerne würdest du mir jetzt das fliegen beibringen. Doch meine Flügel
sind zwei Larven. Bernsteinschwer.
Sie brauchen den Winter, die Zeit, um zu reifen. Die Dunkelheit und
Melancholie.

Ich brauche den Spätfrühling, um mich aus meinem Kokon zu befreien,
die Sonne, den Sommer, um mich zu entpuppen, zu entfalten. Um zu
lieben und um zu fliegen.

Ich brauche den Duft der Feigenmilch und die Zartheit des Mohns, damit
ich ohne zu klagen, im Herbst vergehen kann.
Bin zufrieden, trotz meiner Erdgebundenheit und dennoch knirschen…

die Kieselsteine unter meinen Füßen. Und die Weide trauert nur
Ihres Namens wegen.
Auch der Apfelbaum weint in Anbetracht seiner unberührten Blüten.

Selbst dein Herz, das viel größer ist als mein Weh, wird an der Tatsache
nichts ändern, das mein Atem stockt wie unberührtes Blut im
Schlachthaus, wenn du gehst.

Ungeschminkt

Ich sehe es im Spiegel…am Morgen, am Mittag.
Da sind keine Schrauben, die in meiner Biografie nachgezogen
werden können.
Jahre versus Schönheit.

Die Wimpern rollen sich wie von selbst aus dem Schlaf
und der Sandmann fällt beim ersten Wasserstrahl aus
den Augen.

Lippenstift und Kajal liegen dort, wo ich sie letztes Jahr
hingelegt habe. Rechts unten, in der Schublade.
Rot und Schwarz, der Mode wegen.

Am Abend wasche ich mir wieder den Alltag aus dem Gesicht.
Man weiß ja nie, ob irgendwer am nächsten Tag eine Hautprobe
vom Leben nimmt, wenn man abgetreten ist.

Dabei wünsche ich mir nur, dass das Rot des Lippenstiftes an
Irgendjemandes Mund kleben bleibt und der Lidstrich in Schwarz,
irgendjemanden Brust teert, wenn ich mit meinen Augen das Wort
Sehnsucht zeichne.

Demenz

Jeden Tag fällt ein neues Buch aus dem Regal.
Jeden Tag mehr verblasst die Erinnerung.
Zeitreise. Lebensbuch.

Bin das Kind, das Falten hat. Bin die Alte, die mit Puppen spielt.
Ihnen Küsschen gibt. Ein Liedchen summt. Sie hegt und pflegt
und liebt und liebt und…

Jeden Tag fällt ein neues Buch aus dem Regal.
Jeden Tag mehr ein Blatt das vergilbt.
Bin die Frau, die dich geliebt hat. Bin die Mutter, die
euch umsorgt hat.

Bin…
Doch wer bist du?
Wer seid ihr?
Bin nicht mehr Ich.
Bin nicht mehr Wir.

Jeden Tag fällt ein neues Buch aus dem Regal. Jeden Tag, ein mehr an
komischen Zeichen.
A, B, C. Eins, zwei, drei.
Schlucken, schlucken! Kauen, kauen! Brav gemacht, meine Liebe.
So ist es gut!

Sie sagen, ich bin die, aus Zimmer 104.
Ich bin die fremde Frau im Spiegel.

Bin ich die, die sich spiegelt?
Bin ich WER?
Nicht mehr?

Spiegelungen

Heute Morgen und der Tag beginnt, wie flachshaariger Nebel, der über
die Häuser strömt.
Bewegliches Grau in den Lüften.

In einem Nest hackt eine Krähe an ihrer kalkigen Hülle, lässt die
die Aufmerksamkeit der Stille über die Bruchstelle der Eierschale
scheinen.

Unterhalb des Geschehens wetzt eine Katze ihre Krallen
am Stamm einer Birke.
Die forschenden Augen einer Maus finden keinen Ausweg unter den
fallenden Blättern.

Das ist Leben. Das ist Tod.
Nur eine weitere Spiegelung in der Welt, die glimmt
und verascht.

Vom KRIEG und vom Lied der Nachtigall

Als wir Geschwister waren im Winter 1944

Aus den Kaminen schwebten dunkle Rauchschwaden und kündigten einen Ascheregen an. Die Geister flogen nach oben, aber ihre Ketten fielen schwer zu Boden und schreckten die Angst der Lebenden auf.

Namen, Identitäten, Entscheidungen, die andere trafen, weil es sie nicht betraf. Alles schwarz. Auch die Abzählreime und Morgenappelle, die Kinderlieder und Brunnenverse.

Du sagtest, die haben es jetzt gut, weil die Wanzen aufgehört haben, auf ihren kahlgeschorenen Köpfen zu tanzen. Die Erinnerung derer, die gestern noch neben uns hungerten, strömte noch warm aus ihren Kleidern, die wir sortierten.

Tag für Tag suchten unsere Augen den Körper nach der Krätze ab und den Schnee nach schwarzen Stiefeln, die paarweise lauerten, um uns zu treten. Gemeinsamkeiten.

Auch uns schlägt die Stunde. Nicht wahr, geliebte Schwester? Der Himmel neckt uns bereits mit silbernen Augensternen. Komm und leg dich zu mir mit deinen verwandten Gedanken. Lass uns ein Gedicht schreiben über uns, für die, die später fragen.

Vom Verbrennen der Bücher im Frühling

Wer hätte gedacht, dass es aus dunklen Wolkenschwaden
Asche regnet und die Gedanken schwärzt?

Und dass geschriebene Dichterhaine entzündlich wie
trockene Grashalme Feuer fangen und einen Gedankenbrand
entfachen?

Wie heiß doch Verderben flammt!

Vom Verbrennen der Bücher…
Neunzehnhundertdreiunddreißig im März, im Mai und
Hoffentlich NIE wieder!

Grubengräber

Das Lied der Nachtigall…mondbestrahlt.
Auf Nebelzeilen darben ihre Noten dahin.
Wie der gelbe Stern auf deiner Brust.

Wir aßen Sonnenblumenkerne, um
den Gesang zu übertönen.
zählten Kern für Kern für jeden Schuss.

Wir hofften nicht, wir wussten, niemals wieder
wird es Sommer werden.
Für die Grubengräber blieb es Nacht.

Bekriegen

Erneuter Schwerthieb. Um deine Mauer ziehst du
moosbewachsenes Schweigen. Scharf ist die Klinge, die
deine Stimmbänder entzweit.

Die Zugbrücke zu deiner Festung ist eingerostet.
Die Ketten wiegen schwer in deinen Gedanken.

Jeder Versuch dich zu erobern, endet zwischen den
Gedächtniszähnen umherschwimmender Krokodile. Gefühle
splittern wie Knochen, bleichen so die rabenschwarze Nacht.

Hinter deinen Lidern friert selbst der Winter wie ein Hund.
Dein Herz, bewacht von tausend Kriegern, rüstet sich zum entlieben.
Du kämpfst und kämpfst
-wenn ich nicht mehr bin-
wen willst du dann bekriegen?

Rahel

Die Stadt, ein Labyrinth aus eingestürztem Heldentum.
Mauern, Scherben und Rauch, zieren die Nacht.
Wir treten auf die Toten und ihre unverdiente Ruhe.
Es ist das Blut, das schmerzt an unseren Sohlen…den nackten.

Sehend, tasten wir uns zwischen den Blindgängern und
Irrläufern weg. Entfernt hallen die Stimmen der Verurteilten
unterm Steingewölk. Ihr spätes Klagen wird immer leiser.
Wir laufen zum Fluss.

Wir fragen nicht, warum?
Sondern lassen uns von der Angst hinübertragen.
Weg vom Scheiterhaufen des Krieges.
Nur Rahel blickt zurück.

Abrahams Tochter betet, dass die Bordelle
geschlossen sind, wenn sie nach Hause kommt.

Vom HERBST und seinen Knochenwinden

Feigenbaum

So manches Herz wird regentrüb.

Wo einst die Liebe ihre Knospen pflegte und Hoffnung
in die Wurzeln spross,

trägt nur der Feigenbaum noch frische Früchte.

Herbst

Frischer Regen…Knochenwinde.

Ein Rabe versucht das kandierte Harz
einer Birkenrinde zu stehlen.

Sein Schnabel verstummt unter
einem fallenden Zweig…Blätterwirbel.

Die Stunden stehen in Reih und Glied
vor dem Henker.

In weißgestärkten Gardinen
ergraut die Zeit.

Duft und Vogelhochzeit

Herbst und wir binden unser Fleisch noch fester an die Knochen.
Fiebern der Kälte noch mehr entgegen, lauschen den Tränen aus dem
Augenwinkel des sterbenden Lichts.

Wir verschließen winterfest unsere Lider vor der Medusa
der sinkenden Dunkelheit. Zerbrechlicher denn je sind unsere
glasfaserigen Knie und

unsere Füße, in dicke Sohlen verhüllt, versuchen auf dem
Blätterteppich des Hades zu schweben. Herbst und wir ziehen uns die
Mäntel eine Nummer größer an, stecken

Duft und Vogelhochzeit in die aufgebauschten Taschen…
binden unser Fleisch noch fester an die Knochen.

Früher Herbst

Die Blätter fallen früh. Wie ausgerissene Seiten…
Papierschnipsel eines Tagebuches, das sich der Welt offenlegt.
Gedanken…buntes ICH, ausgeleert im Windfang.

Die Füße liegen zwischen Tau und Sonnenblumenkernen und
niemand merkt es. Der Himmel ist unbeständig und mir ist's als
würden graue Wolken meine Zehennägel mit Erinnerungen lackieren.

Für eine Weile schließe ich die Augen und lass mich von deren
vergangenen Sehnsüchten tragen.
Außerhalb meiner Lider, klopft bereits der Tod an die Tür.

Nordwind

Du, zerzaust mein Haar…durchforstest meine Gedanken. Du.
Bin traurig, weil du mir den Duft des Sommers nimmst.

Im Palmenschatten vergrabe ich diese Endlichkeit. Du folgst mir
wie ein neugieriges Kind.

Du. Hörst du?
Später schneide ich mir ein Stück Salzkruste ab…
vom Meer und von deinen Lippen.

Oktober

Das Licht zieht in ein Schneckenhaus. Der Sommer legt sein
Maulwurfsfell
an. Werden und Vergehen überschneiden sich.

Der Himmel ist sprunghaft geworden. Wolken, weiß und grau, ziehen
von Woher nach Wohin…adressierte Briefe.

Täglich neue Bilder, Augenblicke die sich leeren.
Am Morgen atmet der Nebel seine Gespenster aus.

Der Herbst ist verlässlich. Sein Fuß passt in denselben Schuh. Seine Spur
lässt sich über Berg und Tal verfolgen. Und wir?

Wir kreuzen unsere Finger. Wieder ein Jahr, an dem die Vergänglichkeit
aus unseren Kleidern strömt.

Wohin lässt sich unsere Spur verfolgen, wenn wir vergehen?
Wo wir doch barfuß sind beim Kommen und beim Gehen.

Novemberreigen

Der Wind ist aus seinem Schlaf erwacht…
setzt seinen müden Fuß in Bewegung.

November

In den Spinnereien des Herbstes dreht sich der Jahreskreis.

Nichts ist durchsichtiger als des Menschen Haut…

kaum gesponnen, löst sich die Schnur beim Atem holen.

Derwische

Die Morgenröte weckt im Nebel die schlafende Zeit.
Blätter aus Papier…Vielfarbenes Rascheln.

Im Herbstlaub stecken leise Töne. In meinen Haaren
glänzt der Wandel.

Hinter einer Birkenrinde verflüstert sich der erste Vers.
Harzgebunden sind nur wenige Worte.

In mir atmen die Gedanken…
wie Derwische drehen sie sich im Kreis.

NACHT, Krähengesang und Zauberschleier

Verwandlung

Ich bin der Nacht entstiegen, dunkel und sternenlos
gebe ich mich dem Schnabelhieb des Tages hin.

Ich spüre wie die Stunden meine Gedanken zernagen und
die Moosflechten der Zeit, mein Herz durchdringen.

Ich bin der Nacht entstiegen, dunkel und sternenlos
bin ich gefallen…in einen Fluss der ständig ansteigt und

in dessen Kiesbett sich meine Worte wie ein Geheimnis legen und
sich meine Zunge reibt an der tiefen Scham.

Ich bin der Nacht entstiegen, dunkel und sternenlos. Und du, du
einsamer Hüter meines Traumes…wirst untergehen und sterben,
während ich mich verwandle.

Pavor nocturnus

Durchwacht die Nacht.
Entzaubert der Traum.
Unbeleuchtet das Gedankenkarussell.
Kopfkino le noir.
Breaking down am Morgen.
Wer hat Angst vorm Pavor nocturnus?
Niemand?
Wenn er aber kommt…
dann verharren wir still!

Flügel

Ich flog entlang der Nacht, ließ mich
vom Duft der Holunderblüten treiben.

Über vergessene Gräber, Krähengesang
und Zauberschleier.

Abseits davon schwieg das Leben
erdverkrustet.

Der Tag rief mich zur Rast auf
seinen rauschenden Zweigen.

Doch für was hat man Flügel,
wenn nicht zum Gleiten?

Von der Schlaflosigkeit einer schlagenden Hand

Ich versuche die Hand zu küssen, bevor sie erneut ausholt in
den Traumpausen.

Zwischen ihren zarten Fingern ist die Haut zart und still…
weniger grausam.

Entlang der Fingerkuppen verlaufen sich die Fragen
im Labyrinth aus abgetragenen Zeitfurchen.

Warum, Wieso, Weshalb, ist die
Nacht da, wenn nicht zum Schlafen?

Ein dreifach W (eh) und keine Antwort.
Oder doch?

Aus den Nägeln strömt ein dunkler Dunst.
Erneut macht sich ein Seelenanteil davon, um
den Äther zu ergründen.

Gezeitenreiter

Bevor mich die Nacht ruft, werde ich meine Haut abstreifen
wie ein seidiges Gewand, an dessen Ende, reglose Worte
gesäumt sind.

Meine Seele wird sich zurückziehen in den uralten Äther…
den Gezeitenreiter.

Ungesagt

Die Nacht verging wie flüchtig gesprochene Worte.

Der Tag ist noch ungesagt.

Von TRÄUMEreien, Visionen und Alben

Kreuzzüge

Wir tanzen unter der Ur-Wurzel einer Hexenhasel zu alten Liedern.
Weich gefiedert, verhallen sie im Flügelschlag der Nacht.

Entfernt rauscht der fruchtbare Bach. Seit Tausenden von Jahren
derselbe wissende Klang.

Niemand übertritt unsere Phosphorgrenze. Wir ziehen Kraft
aus der Erde.

Unser Gesang webt ein Dach aus silbernen Mondstrahlen. Hier sind wir
sicher. Die Kreuzzüge verbrennen uns nicht.

Traumschmelze

Als ich erwachte, lagen die Wolken wie Quecksilberkugeln
zwischen den glühenden Meer der aufgehenden Sonne.

Der Traum schob sich in den Tag wie eine Schlange in
Richtung Eden, um Apfelbäume zu entwurzeln.

Was wiegt der Himmel an Tau?
Zehn, Hundert oder gar Tausend Kilo?
Und wie kühle ich meine fiebernde Stirn?

Flüchtiges Rot auf meiner Wange

Seltsam im Schlaf durch graue Dunstschleier zu wandeln.
Dort hinter Nebelbänken stehen hochgewachsen die
Friedwaldwächter…
berühren mit ihren gekrönten Wipfeln den Himmel.
Verwurzeln sich mit unbekannten Seelen.
Verbindung.

Seltsam, dich beim Hindurchwandern anzutreffen
im Dämmerschein vom Laternenlicht
-das auf versteckte Walderdbeeren scheint-
von Kindern unentdeckt.

Wie sehr ich doch deren Duft vermisse…wie sehr
den Halt in deinen Armen.
So herzgewogen.
Dein Geist schrammt mein Gesicht…federleicht.

Ein letzter Kuss statt langer Abschiedsworte…
ein flüchtiges Rot auf meiner Wange.

Schlafsterngedanken

Ich schlucke einen dieser Sterne, der warm durch mein Herz schwimmt.
Dort, wo dein Herz hätte pulsieren müssen.

Ein Kribbeln wie ein Bienenschwarm…Vibrationen an den Schläfen.
Runder Mond, du verschlingst meine Schafe mit Wolfszähnen. Warum?

Von der Decke tropft das Blut in meine blauen Träume auf weißem
Schnee. Schneeweißchen. Schneewittchen. Schneewehen. Rote Spuren!
Ich?

Die Gedanken legen sich zu mir. Wie ein fremder Beischläfer schlürfen
sie noch mehr Leere aus den Trugbildern meiner Tiefseeseele.

Und du? Du machst dich im Wolfspelz auf und davon… schlüpfst
durch die engen Maschen meines Traumfängers.

Du spießt den Duft von Lavendelblüten meiner gesträubten Haare
auf deine scharfen Augen…ein Alibi für den Morgen
der vernarbten Nacht.

Das Blut aber läuft und läuft und will nicht verrinnen im
Abwasser-Gulli der Zeit… ein loser Grabstein im
Fahrwasser der Zeit.

Backbordherz

Schnell den letzten Traum sortiert, der mit Schäfchenwolle gesponnen
zwischen Nachtfalten liegt.
In den Wolken trieb er sich herum. Zwischen einer Herde von
Mondkälbern.
Schwarz-weiß marmoriert, wie ein Sandkuchen der aus
grobkörnigem Mehl gebacken ist.

Ich nehme ein Stück der Nacht zum Frühstück, obwohl die
Harpune des Schlafes noch in meinen Gedanken steckt.
Ausgangspunkt der Meditation war das Schnurren meiner
Katze, das mich auch ohne Trommelmusik in Trance versetzte.

Habe ich nun geträumt oder werde ich vom Traum gelebt?
Eine Flutwelle von Gedanken entert mein Backbordherz. Die nächste
Meereswoge wird das Schiff wohl in Schieflage bringen. Egal!
Ich lösche das Licht. Ich finde auch ohne Kompass den Weg zurück.

Neugier

Nachts fernes Träumen hin zum Tag.
Verwaschenes Grün durch geschlossene Flügeltüren.
Stille hinter Augenlidern…ein namenloses Gesicht.

Ich schlafe auf einem Bett aus weißseidigen Laken.
Verstörte Gedanken und ein leises
„Wer bist du?“
Ich!
Ich?

Fast wird mir bang beim Blick in den Spiegel. Mir scheint, als würde
die Welt mich verschlingen wollen.
Nichts zwingt mich dort hinein in die Dunkelheit.
Und doch reizt mich die Neugier.

Traumvisionen

Mit einem Seil führst du mich durch die mit Efeu umringte Nacht.
Mit verbundenen Augen, würde ich den Weg nicht finden.

Ich fühl dein Zittern durch die Knoten, die um mein Handgelenk
liegen…die es aufreiben, Zug um Zug.

Der Mond gleicht einem Mühlstein schwer, erhellt mir meine
Sterbestunde.

Gedanken kommen und gehen. Verweben die Lebensfäden zum
Leichentuch, dem Buch des Lebens…

Tag für Tag
Stund' um Stund'
Und
viel zu kurz.

Indes verliest der Wind seine Anklage.
Mir, der Hexe, wird ewige Stille auferlegt.

Spinnwebenbrücke

Leere Traumwälder…moosflüsternd.
Zwischen hohen Kiefern, ein helles Licht.

Weiter geht's flussaufwärts…Forellenduft und
Fanggesang der Bären.

Dann endlich. Kurz vor der Schlucht eine Spinnwebenbrücke
die hält. Letzter Versuch…Traumende.

Fallschirm

In den Stoppelfeldern hacken Krähen das Gold
aus geschnittenen Ähren.

Der Tag nähert sich mit langen Schatten, lässt die
dunkel wohnende Nacht hinter sich.

Ich stürze aus dem Schlaf, reiß an meiner Leine.
Zu viele Stricke, verstricken mein Gemüt.

Das Traumende fängt mich kurz vor dem Aufprall ab.
Ankunft im Heute.

Der Fallschirm jedoch, zieht nach Süden weiter.

Blutmond

Augenaufschlag…viel zu früh.
Der Komet riss erneut einen Spalt in die Pupillen.

Die Gedanken daran, überdauern noch heute
die Nacht.

Auf der Sternenwiese, blökten wie wild die Schafe.
Ein Ungezähltes, nahm sich der Wolf.

Der Mond war voller Blut…
wie ich.

Ahnenkult

Ich folge den Brosamen der Wahrsagerin bis unter ihr Zelt.
Im Feuer schürt sie die Zukunft.

Unter ihren Nägeln blättert der Ruß der Vergangenheit ab…
macht Platz für den Ahnenkult.

Sie opfert einen Seufzer aus ihrem Herzen und nimmt mich mit
auf ihre Reise durch die Verwesung.

Ausgesetzt im Traum

Ausgesetzt im Traum, kämpfte ich mit einem Riesen.
Ich hing an seinen Füßen, die wütend die Bäume zerstampften.
Unter seinen Nägeln…die Knochen vieler Träumender.

Sein Atem fror Seen und Bäche ein. Die Fische schuppten sich
vor Angst im Eis. Unter seinem Geschrei knickten selbst die höchsten
Berggipfel.

Ausgesetzt im Traum, kämpfte ich mit einem Riesen. Erst als im
Nebel die Harfe spielte, wurde er des Zornes müde und ich
ließ los.

Lavendelblüten im Haar

Der Mond hob sich nicht alleine aus den Angeln.
Die Sterne kreisten um ihn.

Auf dunkler Seide wiegten sich fremde Wesen in den Schlaf.
Ihr Leuchten war aus zartem Marmor.

Das war gestern, als sich in der orangenen Kapuzinerkresse
eine häuserlose Schnecke ihren Weg fraß.

Heute ist der Tag schweigsam…transparent. Die Träume können
sich nicht darin verstecken.

Sie sind verletzlich wie Glas. Und nur ein einziger Flügelschlag
könnte ihre Zukunft zersplittern.

Rosige Zeiten frieren auf dünnen Zweigen und zuweilen treibt mir
der Wind den Duft von Lavendelblüten ins Haar.

Vom ABSCHIEDnehmen, vom WERDEN und VERGEHEN und vom TOD, den weisen Alten

Genügsamer

Man wird genügsamer, wenn der Tod anfängt,
dir die Haare zu bürsten und sich anschickt, dir
die Kompressionsstrümpfe anzuziehen.

Man wird genügsamer, wenn der Tod dir die
faltige Haut wachst und die Spuren die sie trägt auseinanderzieht,
um dem Leben auf dem Grund zu gehen.

Man wird genügsamer, wenn der Tod die Rippenbögen abklopft,
um mit seiner Sense das Verfallsdatum in die Knochen zu ritzen und
deinen Brustkorb spreizt, um das Herz freizulegen.

Totenmaske

Jeden Tag schaut ein neues Leben aus den
Augenhöhlen einer Totenmaske hervor.

Ankündigung

Wir wollen nicht so einfach liegengelassen werden, sondern über die
Barriere getragen werden…
Damit wir in Ruhe zurückblicken können auf den silbernen Faden, der sich
von der Geburt bis zum Tod spannt.

Er reißt im richtigen Moment, wie der Himmel es tut, nach einem
Hagelschauer. Er reißt auf, um sein Blau auf die Waagschale unserer
Augen zu legen. Und dann…

Öffnet jemand ungefragt das Fenster, schlägt die Decke auf dem
Sterbebett zurück und lässt die Seele auf dem letzten Atemzug
hinausgleiten. Ich möchte das nicht.

Ich möchte, dass du neben mir stehst, sie mit einem Kescher fängst
und auf dem Rücken eines blauen Morpho-Falters legst.
Und dann wird es so sein, als wäre nur ein weiterer Traum durch die
Landschaft gezogen…sonst nichts.

Jetlag

Sichtlich zerrissen von den Eindrücke der Insel…den Menschen, die
im Dreck nach Trinkwasser stöbern.

Neben mir, aufgehäuft die Kleider…Baumwolle, meintest du, wegen
der tropischen Hitze.

Urlaubskarten…nie abgeschickt. Grüße entlang den Zeilen
fiebriger Gedanken.

Das Flugzeug flog ohne mich weiter. Der Tod schleicht
um mein Bett.

Knochengliedrig hebt und senkt er das Fliegennetz und misst
mir die Körpertemperatur.

Du hältst meine Hand. Deine Augen sind unter Pergamentlidern
verborgen.

Globetrotter! Du hättest mir vorher sagen müssen, dass du
Ebola heißt, als du mich küsstest.

Als du gingst

Als du gingst, wurde die Nacht nächtiger und der Mond warf mir
ein Stirnrunzeln zu.

Du wirst wie alle, die gestorben sind kleiner…
Irgendwann.

Vom Kranz der Stille bin ich die Letzte, die an
den Blüten riecht.

Und ich bin auch die Letzte, die das blaue Band mit
einem goldenen Namen verziert.

Solange mein Auge auf einer Träne schwimmt, webe ich
heimlich am seidenen Schatten.

Niemals wird die Hand, die zum Abschied winkt,
müde.

Tod, wo kreuzen sich unsere Stacheln?

Zwischen den Falten und Jahresringen
suche ich nach Einstichlöchern.

Ich verschiebe die Haut vorm Spiegel, die Stirnfalten und suche nach
Botschaften, die ich vielleicht übersehen habe.

Wie Kontinente bewege ich sie aufeinander zu, voneinander weg.
Auf meinen Körperfesten…jede Menge Spuren.

Wer hat sie gelegt? Ich? Ein Anderer?
Ein anderes ICH?

Tod, wo kreuzen sich unsere Stacheln?
Kreuzen sie sich überhaupt?

NOCH

Noch winkt das letzte Mohnblumenblatt zwischen hochgewachsenen Gräsern. Noch flüstern knorrige Wurzeln inmitten gespaltener Steine. Noch heben Bodenplatten an zum Flug.

Noch zeigt der Mond uns seine Milchzähne und die Sonne ihren Bernsteinglanz. Noch zirpt ein Heupferd den Löwenzahnschirmen hinterher.

Noch spinnt der siebentägige Zeitkurier an seiner Silberschnur. Noch hat das Leben volle Krüge zu bieten. Noch ist genug Zeit für Hundert und Tausend Versuche.

Noch füllen die Erinnerungen meine Gedächtnislücken mit Himbeerbonbons und Waldmeistereis. Noch ist Zeit, die zerrissenen Manteltaschen der Kindheit zu nähen.

Noch durchstreifen wir als Träumende die Wälder, schlägt uns der Wind die Zweige von Holunderbüschen ins Gesicht…raunen uns die Bäche Geschichten zu.

Noch können wir vom Honig kosten und der Süße unserer Lippen. Noch ist Zeit, sich wegzudrehen vom Tod und seiner tastenden Pfote.

Nachtgedanken

Manchmal kommt der Tod ohne Verzug und legt das
Maßband an für das letzte Hemd.

Sein Blick wandert genau über die geheimen Seiten des
Testaments die noch ungeschrieben in den Gedanken lagern.

Entlang der Lebenslinien fertigt er einen Schnittbogen. Dort wo sich
Puls und Herzschlag nie treffen, aber dennoch zusammenrücken…
Irgendwo, im Innern der Glasexistenz.

Und dann wird es still in mir und ich lausche den Bruchstellen,
wie sie leise knisternd in mir marschieren. Wie dünnes Eis, auf dem man
einen lebensschweren Fuß aufgesetzt hat.

Es ist keine Ankündigung im Kalender. Nur ein Termin der näher rückt
mit jedem Tag, der wie ein welkes Blatt vom müden Sommerbaum fällt.
Oder ist es eher ein weißgestärkter Kragen, der am Zeitgefüge reibt?

Ich werde dem entgegengehen, neugierig wie ein argloses Licht,
das unbekümmert durch den Nebel tritt.

Was bleibt uns anderes übrig?

Was bleibt uns anderes übrig, als staubig zu schweben
wenn wir tot sind?

Als aufzuschlagen, irgendwo zwischen frischen
Herbstlaub oder in der Spalte einer Bergkette?

Auf einer Telefonleitung zwischen dem Vogelgezwitscher
aus gelben Schnäbeln?

Was bleibt uns anderes übrig, als staubig zu schweben
wenn wir tot sind…

als sich mit dem Wind zu verbrüdern?

Vermutung

Der Tod muss feste Muskeln haben.
Wie sonst trägt er

Groß und Klein, Schwer und Leicht,
Alt und Jung zusammen

über die Schwelle in
sein Reich?

Zurückkommen

Ich saß am Bett der sterbenden Nacht und
berauschte mich an ihren Tränen. Und ich wog
ihre trauernden Sterne ruhig und sacht.

Und als sie ihre Augen schloss, überzog der Tag ihr Wolkenbett
mit blauem Glanz und Wolkenzierde und versprach:
„Ich rufe dich zurück. In ein paar Stunden, folgst du
mir nach!“

LIEBE, die beiderseitige und Einsame…die bis zuletzt bleibt, wenn nichts mehr bleibt.

Lebendiges Bild

Man muss sein Herz hochwerfen können wie ein kleines Kind, das
darauf wartet, dass zwei starke Arme es auffangen…

seine Zerbrechlichkeit…
seine Einzigartigkeit…

sein Wesen und sein Lachen.
Auf und ab. Auf und ab.

Wie ein Spiel aus Zärtlichkeiten, ein lieben und geliebt werden…
ein in sich verweben von Farben und Pulsschlag.

Als befände sich die Welt in einem lebendigen Bild
ohne Rahmen.

Beschwörungslieder

Im Lichtschein des Mondes hebt sich die Zeit auf.
Ein Feigenblatt begrenzt die Nacht, während

aus unseren Körpern Beschwörungslieder klingen.
Seltsam, danach die Augen zu öffnen als wäre nichts geschehen.

Maskenspiele

Wir sitzen wie drapiert in unseren Leben. Verschiebbare Gefühle
unterm Tag und die Worte ziehen wie Wolken ohne Rast vorüber.

Wir sind mehr als nur zwei Augenpaare die flehentlich einander
suchen, aber sich nicht finden dürfen.

Nachts borgen wir uns andere Identitäten und das
Geigenspiel aus dem Olymp.

Unterm Ziffernblatt der vorrückenden Stunden lauschen wir
den Schlägen unserer Herzen und

das Rauschen unseres Blutes unter perlenglatter Haut, ist wie ein
Schwalbenflug der nie vergeht und uns den Sommer verheißt.

Erst am Morgen legen wir unser Komparsen-Spiel ab, kleiden
uns als die Personen die wir sind. Überkleiden unsere Seelen

mit Sehnsucht. Und unsere Blöße…sie schlägt noch kurz mit den
Flügeln auf und löst sich im Lichtstrahl des Tages auf. Bis zum Abend
bleiben wir ein Geheimnis.

Kalenderblatt

Zum Einkaufen gehe ich in die Stadt…durch schmerzgraue
Häuserblocks, zum Marktplatz der Frühjahrsdüfte.

Mit gastropodischer Geschwindigkeit lass ich meine Augen
über Angebot und Nachfrage gleiten.

Unterm Mistelzweig einer Marktbudenverkäuferin hoffe ich.
Auf was? Warte ich? Auf dich?

Hier zwischen den Granatäpfeln und den runzeligen Schalen
Sizilianischer Zitronen, haben wir unsere Gemeinsamkeiten verloren.

Einen Winter lang, lag streitbarer Schnee auf unseren Mündern.
Nun ist es der Tau auf meinem Herz, der die Sehnsucht wässert.

Erinnerungen…während der Wind meine harmoniesüchtigen
Schultern ummantelt.

Hoffen. Warten. Auf was und wen? Auf dich?
Am Morgen danach (ich weiß es), sind wir nur ein weiteres
Kalenderblatt, das zu Grabe getragen wird.

Improvisation

Wenn ich nachdenke, dann über die Liebe, von
der ich annahm, dass sie alles zusammenfügt…

das Pochen unseres Herzens, das Kribbeln im Bauch.
Die Gedanken aneinander. Das DU und ICH.

Jetzt improvisiere ich aus dem Gedächtnis…füge
den Bruchstücken, haltbaren Lack hinzu.

Es ist lange her,
als ich dich geliebt habe.

Fruchtsalat

Ich genieße es, wie du geschickt mit
deinen Lippen, Erdbeeren aus meiner
Schale pflückst.

In Erinnerung an

Ich hätte da ein Herz zu vergeben.
Eines, das noch unverdichtet ist und in keinem
Buch geschrieben.

Ein Herz, das lebt und liebt. Keines aus Stein, auf dem steht:
„In Erinnerung an…“

Erinnerung

Unser erster Kuss.
Wie zart duftete er nach
zimtbestreuten Apfelkrapfen.

Brombeertage

Wir bewohnten den verlassenen Garten und er blühte
uns zuliebe rosa und zartgrün.

Oder war mein Schoß der Garten, den du in
den Brombeertagen bewohntest,

um deinen Kopf in die schäumende Wiese
zu legen?

HerbstDU im September

Eben noch lagst du neben mir wie ein Traum durch
den man leise geht und der ohne Spiegelbilder und
Wandmalereien auskommt.

HerbstDU und die Bäume, die wie bronzene Luren stehen,
tragen ihre ersten roten Flugblätter aus, während du meine
Gedanken aufschlägst wie ein unfertiges Buch.

Ich spüre wie sich die ersten Fernverse aus der Umarmung
des Windes lösen und mir Geheimnisse ins Ohr flüstern.
Über dich? Über mich? Oder über die Liebe…

Deren Knie sich nicht beugen will, um den Fuß anzuheben, aus Angst,
im Nachtschlund der Wunden und Wunder zu fallen. Wir…Du…Ich…
gehen. Gehen nicht über die Stufen.

Wenn ich die Bettdecke zurückschlagen würde, ehe der Traum
erneut flieht, wärst du dann derselbe, den ich vermisse außerhalb
der Nacht?

HerbstWIR

Der Nebel formt Wimpern aus Glas. Von den Zweigen schweben
bronzene Blätter. Wie Tränen fallen sie aus weitgeöffneten
Abschiedsaugen.

Bin schon früh unterwegs, um deinen Worten zu lauschen, die
der Wind vorbei am Mondlicht zu mir trägt. Gleich ist es hell und
bevor dein Rufen verstummt,

orientiere ich mich an deinen Lippen, die den Wegesrand säumen
und die du wie einen Ankerstein ausgeworfen hast. Und da finde ich sie
wieder, diese Stille zwischen uns,

die über die Schwelle tritt und sich einfindet, wenn man von
der Liebe träumt. Die Zeit hat unsere Sehnsucht reifen lasse…
wild und voller üppiger Versäumnisse, raunt sie

unter der stacheligen Hülle einer Kastanie.
Wann bricht sie auf die Schale? Und wann, tritt er zutage unser
gemeinsamer Herzschlag, der seit dem Sommer auf Wanderschaft ist, um
sich unter deiner und meiner Brust auszuruhen?

Herz-Deutereien

Mein Herz ist ein Maulwurf. Ein Tagschläfer der Nachts die gefallenen Sterne ausgräbt, welche unter den Olivenbäumen wurzeln.

Mein Herz ist ein heimlicher Atem, der über die Liebenden zuckt, wenn sie sich berühren ohne dahin zu schmelzen.

Mein Herz ist ein Baum, dessen Zweige im Sommer blühen, aber über dessen Duft sich schon das Damoklesschwert des Winters dreht.

Mein Herz ist eine Entscheidung, die durch den Tag schleicht, wie ein Museumsführer der zwischen zwei Fragen antworten muss.

Mein Herz ist… ach, es lebt und stirbt. Es lacht und weint. Vielleicht hätte ich vorher mit dir darüber reden sollen.

Erwartung

Die Nacht hat einen Balkon von dem ich aus auf dich warte.
Ich, in einem Käfig aus Mondlicht, während dein Name, zärtlich
auf meinen Schultern schläft.

Drei Nächte ging dein Herz bereits vorbei und du
sagtest:
„Bald“!

Heute zerrieb ich die Erwartung. Wie Rosenblätter, streute
ich all mein Sehnen in den Wind.
Ich weiß, du wirst noch lange wie die Asche

eines gefallenen Sterns über meinem Traum schweben…
glühend, mir die Hoffnung aus meinen Augen zu blenden.

Zustand

Heute Morgen habe ich meine Liebe
vor dem Bett auf und ab patrouillieren lassen.

Sie ging gebeugt und hatte kaum Fett
auf den Rippen.

So, kann ich sie nicht hinausgehen lassen.

AugenBLICK

Glassturz mitten im Traum.
Du fällst mir vor die Füße
und fast wäre ich in dein
unruhiges Herz getreten.

Sag, warum wandelst du so
sehnsuchtsvoll durch meine Nacht?
Warum schwimmst du wie ein
gefangener Fisch durch mein Gefühlsmeer?

Im Dunklen sehe ich nicht
die Bedeutung deines Herzens und
daher wünsche ich mir, ich
könnte es bei Tage aus dir

heraustasten, ohne dass die Ahnung mir
meine Hände lähmt.
Ich würde deine Bedenken um
meinen Zeigefinger wickeln und

die Erinnerung deines Schmerzes
von den ergrauten Schläfen spulen. Sag doch,
können wir uns nicht gegenwärtig lieben?

Wäre das ein Anfang?
Du musst mir nicht gleich antworten…

Aufgeräumt

Aufgeräumt…
…die Kleider
…die Schränke
…die Vergangenheit.

Alles hat seinen Platz…
…die Schuhe
…der Schlüssel
…du und ich.

Es strömt nicht mehr…
…der Duft aus deinen Kleidern
…dein Schatten aus den Schränken.
Die Vergangenheit hat aufgehört zu bluten.

Aufgeräumt…
…die Muster unter den Schuhen
…der Schlüssel zu den Geheimnissen.
Du und ich…jeder auf seinem Platz.
Zwei Steinfiguren.

Steinschlag

Unentwegt bin ich unterwegs.
Nachts liegen meine Gedanken auf den Innenseiten
meiner Handflächen. Ich lese daraus und berühre mich
zwischen den Zeilen.

Mein Bett…eine Insel auf Spurensuche.
Mein Bett…ein Etruskerfeld im Krieg.
Vor deiner Speerspitze habe ich kapituliert.
Purpurne Flüsse mit seelenlosen Leibern ziehen wie
Treibholz an mir vorbei.

Mein Haar fiebert nass meiner Einsamkeit entgegen. Verflochten
mit den Albträumen hangele ich mich hinunter ins dunkle
Verließ der Erinnerungen.
Dort ist mein Gedächtnis wie ein Galeerenschiff auf Grund gelaufen.

Ich bin jedoch noch nicht müde genug, um dich zu vergessen
und mein großgezogenes Herz ist noch voller Eitelkeit, um
in sich zu fallen.
Du bist müde vom Knochensammeln auf unseren Liebesfeldern.
Ich weiß. Aber versteh, dass ich noch mit dem sterben warte bis
zum nächsten Steinschlag.

Standbild

Versunken lausche ich deiner Wortvernissage, die wie
ein fliegender Teppich aus Tausendundeiner Nacht,
zwischen dir und mir dahinschwebt.

Du legst mir den Duft von Zimt und Feigenmilch
auf meine Lippen. Dort, wo zuvor dein Zeigefinger mittig
wie eine Mole ruhte und mir Schweigsamkeit gebot,

ist unser Geheimnis versiegelt.
Dein Blick ist fixiert als Stern einer einzelnen blauen
Hortensienblüte, welche die Nacht zuvor eingefroren hat, ehe
die zu Boden fiel.

Das aufbäumen des Windes legt sich wie ein Keuschheitsgürtel
um meine Hüften, den nur du mir abnehmen kannst.
Aber du tust es nicht. Und so verharren wir weiter in diesem Standbild,
während die Marmorluft unsere Gefühlsfarben trocknet.

Feigenmilch

Nahe meiner Schläfen…geschundene Gedanken.
Mein Wimperngestrüpp fängt Träne für Träne
von deinem Du.

Du. Nur du. Nicht mehr als das. Und über meinen
Nasenrücken rinnt das gebrochene Wir.

Bei all den Gewässern, die die Wangen fluten,
tut er sich nicht auf…der Mund.

Fragt nicht: „Wo bist du?"
Schreit nicht: „WOOOO BIST DUUUU?"

Sie bleiben stumm. Die Lippen. Und die Zunge rollt nicht.
Sondern ruht weiter in der Feigenmilch des Sommers.

Und

Zwischen dir und mir…
Trennung.

Zwischen dir und mir…
ein Erkennen mit der Zeit.

Zwischen dir und mir…
ein schweigsamer Schlund.

Zwischen dir und mir…
ein Fallen, ein Zweifel, ein Zweifelsfall.

Zwischen dir und mir…
Ein Herzbluten und ein Seelenhäuten.

Zwischen dir und mir…
ein UND.

Zum Abschied

Zwischen deinen und meinen Worten setzt
die Klinge zum Schnitt an.

Über unseren gesüßten Preiselbeerlippen, rinnen
Tränen aus geriebenem Meerrettich.

Zum Abschied gibt es einen Teller
Aufgewärmtes.

Muskattellerblicke

Die Nacht hielt an, ohne das Gedankenrad einrasten zu lassen.
Einfach so erloschen die Sterne und du bist erneut zum Schatten
geworden.

Bin so müde vom Traum, der sich wie Giersch um meine
nackten Füße schlingt.

Ich habe dich in meinem Schoß gewoben, ehe du
gegangen bist.

Links von mir ruhen noch deine Muskattellerblicke.

Zukunft

Wir legen beide ein Versprechen ins Feuer…
formen ein Ascheherz aus der versengenden Glut.

Der Schnee wird seine Flocken darüber legen und das Eis
einen kristallenen Sarg.

Im Frühling dann, wenn unsere Hände nicht mehr starr
vor Kälte sind und unsere Gefühle zart wie Rosenblütenblätter,

werden wir es ausgraben und staunen, weil es nach Magnolien duftet
und weil es singt wie ein Vogel auf einem blühenden Zweig.

Zu spät

Wir fallen beide wie damastfarbene Wünsche aus den Wolken.
Auseinandertreibend versuchen wir uns nicht aus den Augen zu verlieren.

Unheilvoller Orgelklang…ein Requiem nur für uns geschrieben, zerbricht
das Zölibat wie ein wächsernes Siegel.

Ein unbeschlagener Huf scharrt Falllöcher um die Vernunft und
um meinen unberührten Garten.

Du Abendstern…du erhellst mir meinen nonnenschwarzen Schwur.
Zu spät ist es, um uns noch zu verbieten…zu spät.

Wegen dir Liebster, kehre ich um

Wegen dir Liebster, kehre ich um.
Jeden Tag mache ich mich klein, um unter den Strahlen
der Morgenröte hindurchzugehen, die meine Wangen färben.

Zum Weg, auf dem du gegangen bist. An jenem Baum vorbei, den du
für uns gepflanzt hast. Durch die Tür, die du mir geöffnet hast.

Wegen dir Liebster, kehre ich um.
Gehe durch das Haus, das voll von Verhängnis ist. Entlang den Wänden,
die leise flüstern in unserem Zimmer…komm.

Wegen dir Liebster, kehre ich um.
Um die Erinnerung aus den Kissen zu schütteln, auf denen unsere Köpfe
lagen…wir uns atmeten und einander küssten.

Wegen dir Liebster, kehre ich um.

Um träumend in die Daunen zu weinen, weil sie deinen Duft
noch halten, obwohl du nicht mehr da bist.

Wenn du willst

Wenn du willst, können wir unsere Lippen aufeinanderlegen
Und so tun, als ob es keine Liebe wäre.

Wenn du willst, werden sich die Knospen der Pfingstrosen erst
auf deiner vagen Sehnsucht hin, dir öffnen.

Wenn du willst, werden sich unsere Augenblicke wie Zuckerfäden
ineinander weben und unser Wimpernglück ein Ewig-Zelt

über uns schlagen.
Wenn du willst, werden unsere Versprechen eine Mauer bilden wider
der Vernunft und anderen Herzschäden.

Wenn du willst, dann…
Willst du?

Wieder entdeckt

Ich weiß nicht, wie lange ich dein Gesicht
gemieden habe.

In meiner Erinnerung sind deine Haare viel länger.
Rechts und links

spitzen sich deine Wangenknochen zu Fragen hin,
die ich nicht beantworten vermag.

Du redest leise und auf deinem Atem
ebben die Wort ab.

Dein Mund, eine blutrote Mole die sich zweiteilt,
sich öffnet und schließt

Inmitten eines Drei-Tage-Barts.
Ich habe es wieder entdeckt…

Dein Bild, außerhalb des Rahmens.
Vielleicht wird es Zeit, mir deine Konturen wieder einzuprägen.

Vorbei

Vorbei. Du und ich. Der Rosenkrieg und alles
was uns trennte, flüchtete über die Berge.

Dabei sah ich das Wir noch klar auf einer
Parkbank sitzen.

Jetzt warten du und ich im Spiegellabyrinth
auf die Zukunft.

Wir warten auf das Vorbei, das kam und ging
so unbemerkt und ohne ein Wort.

Traum

Unser Traum…zerplatzt, auf den
frühlingsmüden Stacheln eines Igels.

Krug

Du hast meinen Krug erschöpft.
Der letzte Tropfen Öl brennt wie ein Säurekuss
auf meiner Wange.

Vergessen

Unter hochgezogenen Brauen
dich ansehen müssen, als ob du nur
ein Hirngespinst wärst.

Sich zusammennehmen wie eine Orange, die
ihren Duft nur an bestimmten Tagen verströmt.
Und dann…

hinaustreten, wie jene Landschaft die nur nachts
zutage tritt. Ich schüttele das Federkissen, entzaubere
den Traum und finde…

wieder nicht die Stelle, wo du deine Notiz hingelegt hast
bevor du gegangen bist.
Ich hab's vergessen.

Mauergewetze am Abend

Die Anemonen sind pastellfarben geschlossen.

Es ist kurz vor null Uhr als wir aufeinander zu pendeln.

Schwingungen im Klangraum unserer Träume.

Haben wir noch Zeit?

Haben wir noch Zeit, uns wie Rosenblätter
ineinander zu legen?
Die Zartheit unserer Knospen zu streicheln?
Unseren Duft zu atmen?

Ich spür bereits die Kühle, die uns umweht und an den ersten
alltagsgefärbten Blättern zerrt.
Ich spür, wie Gewohnheit unsere Wurzeln umschlingt
wie rostige Eisenketten.

Beginnt denn schon bald unser Ehewinter?
Haben wir den späten Herbst verpasst, der mit dem Sterben
der Bienen begann?

Haben wir noch Zeit, uns wie Rosenblätter
ineinander zu legen?